Impressum
Verlag: BABADADA GmbH, Nedderfeld 112 , 22529 Hamburg
Geschäftsführer / Verlagsleitung: Harald Hof
Druck: Books on Demand GmbH, In de Tarpen 42, 22848 Norderstedt

Imprint
Publisher: BABADADA GmbH, Nedderfeld 112 , 22529 Hamburg, Germany
Managing Director / Publishing direction: Harald Hof
Print: Books on Demand GmbH, In de Tarpen 42, 22848 Norderstedt, Germany

ysgol
школа

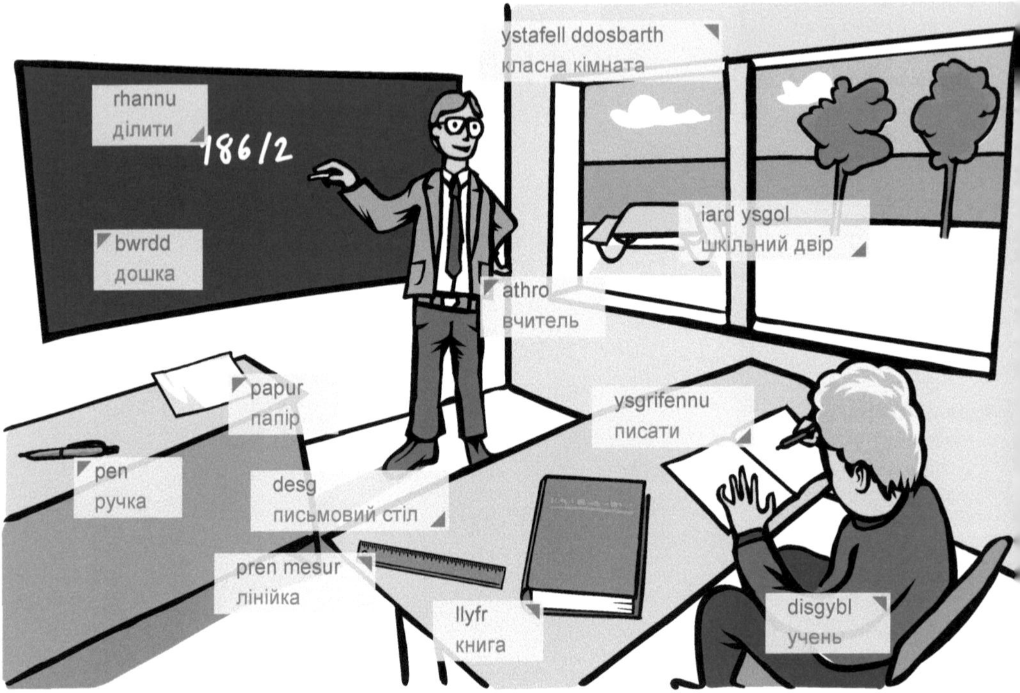
ystafell ddosbarth
класна кімната
rhannu
ділити
186/2
bwrdd
дошка
iard ysgol
шкільний двір
athro
вчитель
papur
папір
ysgrifennu
писати
pen
ручка
desg
письмовий стіл
pren mesur
лінійка
llyfr
книга
disgybl
учень

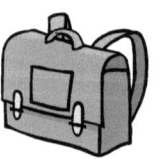

bag ysgol

ранець

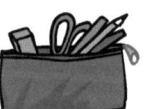

blwch penseli

пенал

pensil

олівець

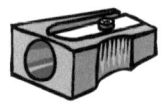

peth rhoi min ar bensil

точило

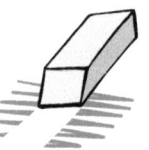

rwber

гумка

pad arlunio

альбом для малювання

llun

малюнок

brws paent

пензель

blwch paent

коробка фарб

siswrn

ножиці

glud

клей

llyfr ysgrifennu

зошит

gwaith cartref

домашнє завдання

rhif

число

ychwanegu

додавати

tynnu

віднімати

lluosi

множити

cyfrifo

рахувати

llythyren

літера

gwyddor

абетка

gair

слово

testun

текст

darllen

читати

sialc

крейда

gwers

година

cofrestr

класний журнал

arholiad

екзамен

tystysgrif

диплом

gwisg ysgol

шкільна форма

addysg

освіта

gwyddoniadur

лексикон

prifysgol

університет

microsgop

мікроскоп

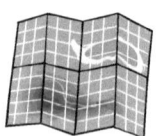

map

карта

basged papur gwastraff

кошик для паперу

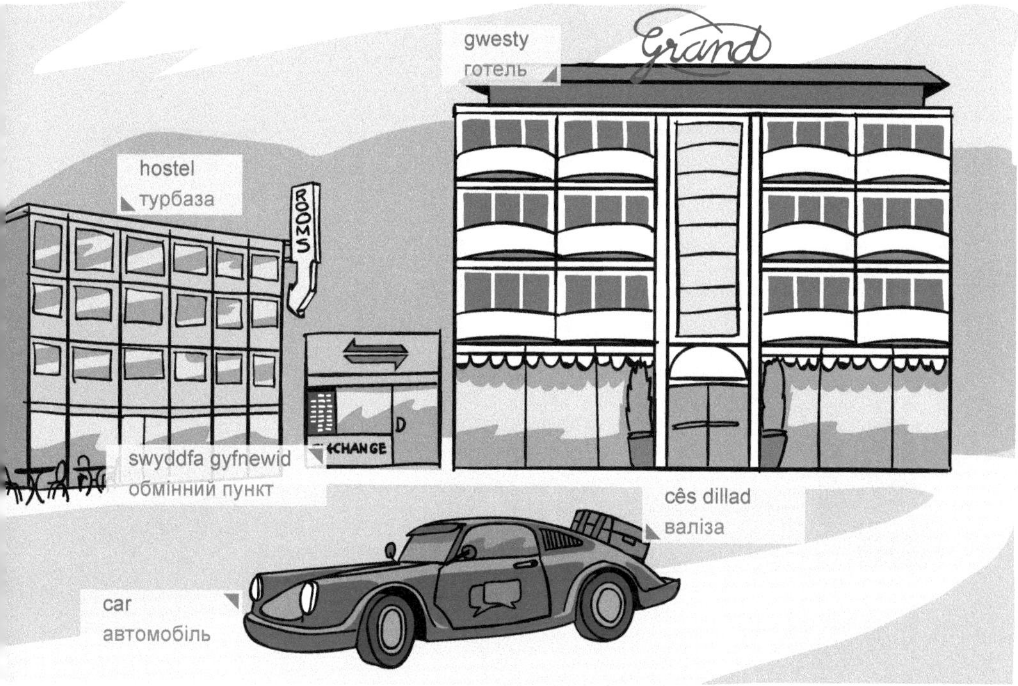

gwesty
готель
Grand
hostel
турбаза
ROOMS
swyddfa gyfnewid
обмінний пункт
cês dillad
валіза
car
автомобіль

iaith
мова

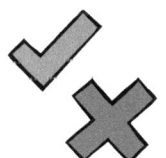

ie / na
так / ні

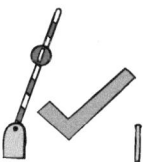

iawn
добре

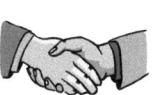

helo
привіт

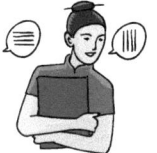

cyfieithydd
перекладач

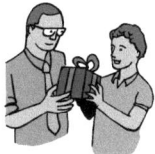

Diolch yn fawr
дякую

faint yw ...?

Скільки коштує ...?

Dw i ddim yn deall

Я не розумію

problem

проблема

Noswaith dda!

Добрий вечір!

Bore da!

Доброго ранку!

Nos da!

На добраніч!

hwyl

До побачення

cyfarwyddyd

напрямок

bagiau

багаж

bag

сумка

gwarbac

рюкзак

gwestai

гість

ystafell

кімната

sach gysgu

спальний мішок

pabell

намет

gwybodaeth i ymwelwyr

туристична інформація

traeth

пляж

cerdyn credyd

кредитна картка

brecwast

сніданок

cinio

обід

swper

вечеря

tocyn

квиток

lifft

ліфт

stamp

поштова марка

ffin

межа

tollau

митниця

llysgenhadaeth

посольство

fisa

віза

pasbort

паспорт

cludiant
транспорт

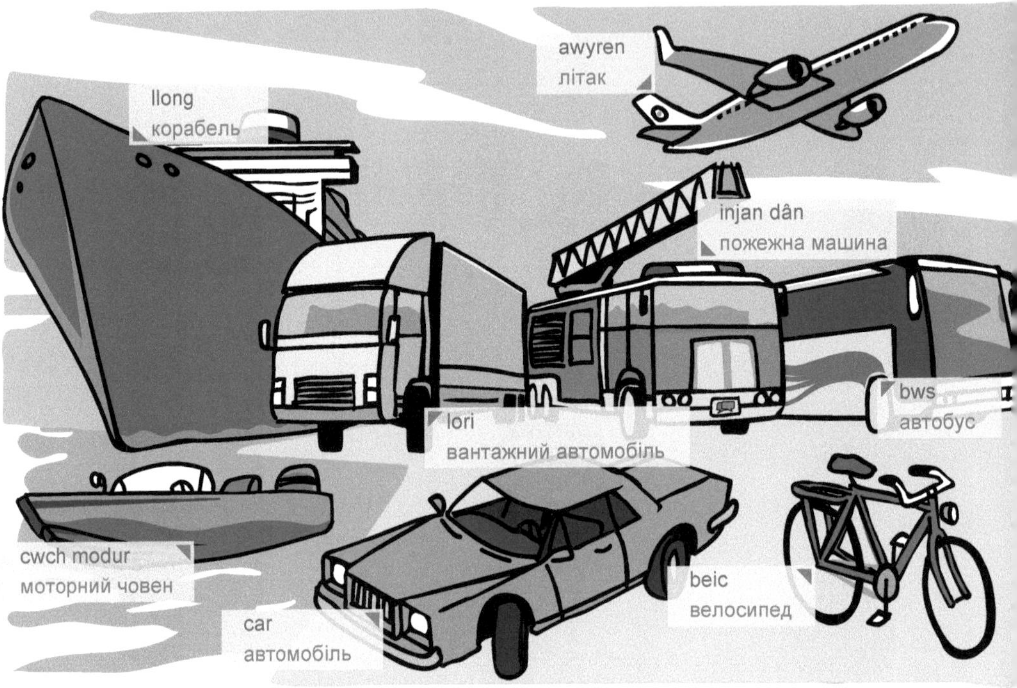

awyren
літак
llong
корабель
injan dân
пожежна машина
bws
автобус
lori
вантажний автомобіль
cwch modur
моторний човен
beic
велосипед
car
автомобіль

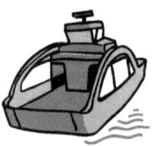

fferi

пором

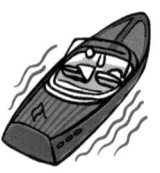

cwch

човен

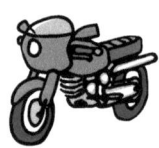

beic modur

мотоцикл

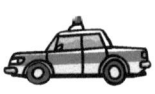

car yr heddlu

поліцейська машина

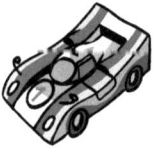

car rasio

гоночний автомобіль

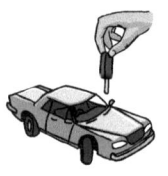

car wedi'i rentu

автомобіль на прокат

rhannu car

спільне користування авто

lori tynnu

евакуатор

lori ysbwriel

сміттєвоз

modur

двигун

tanwydd

паливо

gorsaf betrol

автозаправна станція

arwydd traffig

дорожній знак

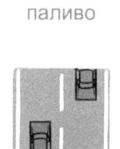

traffig

рух

tagfa draffig

затор

maes parcio

стоянка

gorsaf drennau

вокзал

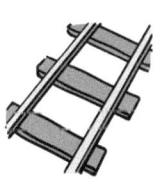

traciau

рейки

trên

потяг

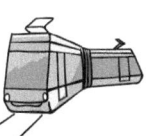

tram

трамвай

wagen

вагон

hofrennydd

гелікоптер

maes awyr

аеропорт

twr

вежа

teithiwr

пасажир

cynhwysydd

контейнер

paced

коробка

cert

візок

basged

кошик

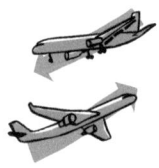

esgyn / glanio

стартувати / приземлятися

dinas

місто

pentref

село

canol y ddinas

центр міста

tŷ

дім

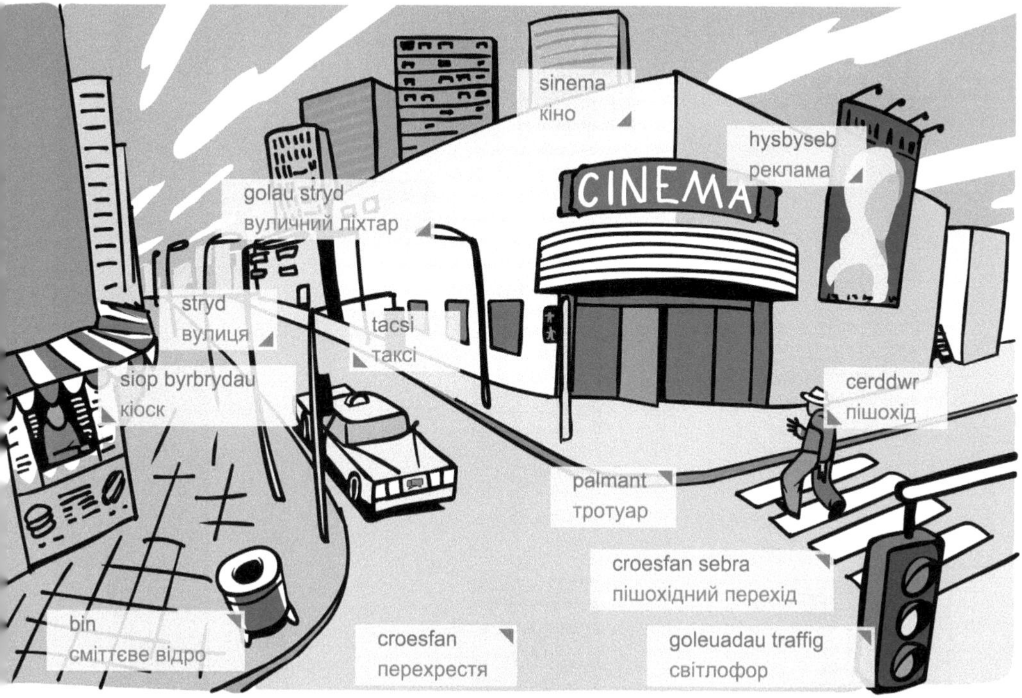

sinema
кіно

hysbyseb
реклама

golau stryd
вуличний ліхтар

CINEMA

stryd
вулиця

tacsi
таксі

siop byrbrydau
кіоск

cerddwr
пішохід

palmant
тротуар

croesfan sebra
пішохідний перехід

bin
сміттєве відро

croesfan
перехрестя

goleuadau traffig
світлофор

cwt
хатина

fflat
квартира

gorsaf drennau
вокзал

neuadd y dref
ратуша

amgueddfa
музей

ysgol
школа

prifysgol

університет

banc

банк

ysbyty

лікарня

gwesty

готель

fferyllfa

аптека

swyddfa

офіс

siop lyfrau

книжковий магазин

siop

магазин

siop flodau

квітковий магазин

archfarchnad

супермаркет

farchnad

ринок

siop adrannol

універмаг

siop bysgod

торговець рибою

canolfan siopa

торговельний центр

harbwr

гавань

parc

парк

banc

лава

pont

міст

grisiau

сходи

rheilffordd danddaearol

метро

twnnel

тунель

safle bws

автобусна зупинка

bar

бар

bwyty

ресторан

blwch post

поштова скринька

arwydd stryd

вулична табличка

mesurydd parcio

лічильник паркування

sŵ

зоопарк

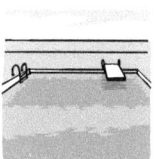

pwll nofio

басейн

mosg

мечеть

 fferm

ферма

llygredd

забруднення навколишнього середовища

mynwent

кладовище

eglwys

церква

maes chwarae

дитячий майданчик

teml

храм

tirwedd

ландшафт

deilen
листок

arwydd cyfeirio
вказівний стовп

ffordd
шлях

dôl
луг

carreg
камінь

coeden
дерево

heiciwr
мандрівник

afon
річка

glaswellt
трава

blodyn
квітка

cwm
долина

bryn
гора

llyn
озеро

coedwig
ліс

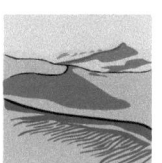

anialwch
пустеля

llosgfynydd
вулкан

castell
замок

enfys
веселка

madarchen
гриб

palmwydden
пальма

mosgito
комар

pryf
муха

morgrugyn
мурашка

gwenyn
бджола

pryf copyn
павук

chwilen

жук

llyffant

жаба

gwiwer

вивірка

draenog

їжак

ysgyfarnog

заєць

tylluan

сова

aderyn

птах

alarch

лебідь

baedd

кабан

carw

олень

elc

лось

argae

гребля

tyrbin gwynt

вітряк

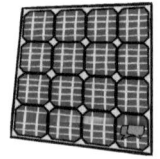

panel haul

сонячний модуль

hinsawdd

клімат

gweinydd
офіціант

bwydlen
меню

cadair
стілець

cawl
суп

pitsa
піца

cyllyll a ffyrc
столові прилади

lliain bwrdd
скатертина

cwrs cyntaf

закуска

prif gwrs

друга страва

pwdin

десерт

diodydd

напої

bwyd

їжа

potel

пляшка

bwyd cyflym

фаст-фуд

bwyd y stryd

вулична їжа

tebot

чайник

powlen siwgr

цукорниця

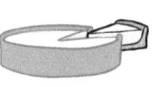

dogn

порція

peiriant espresso

еспресо-машина

cadair plentyn

високий стільчик

bil

рахунок

hambwrdd

піднос

cyllell

ніж

fforc

вилка

llwy

ложка

llwy de

чайна ложка

napcyn

серветка

gwydr

склянка

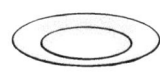

plât

тарілка

plât cawl

тарілка для супу

soser

блюдце

saws

соус

pot halen

солонка

melin bupur

млин для перцю

finegr

оцет

olew

масло

sbeisys

спеції

saws coch

кетчуп

mwstard

гірчиця

mayonnaise

майонез

archfarchnad
супермаркет

cynnig arbennig
пропозиція
FOR
cwsmer
клієнт
cynnyrch llaeth
молочні продукти
ffrwythau
фрукти
troli
візок для покупок

BUTCHERS

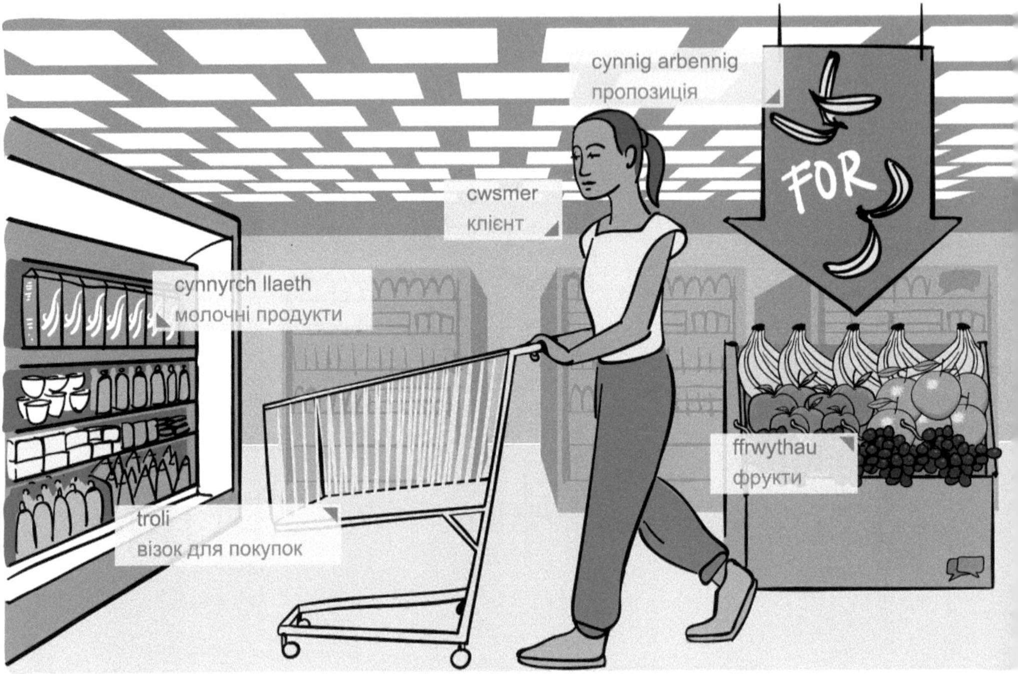

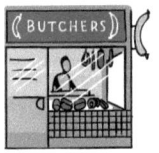

siop gig

м'ясний магазин

BAKERY

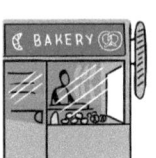

siop fara

пекарня

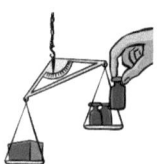

pwyso

зважувати

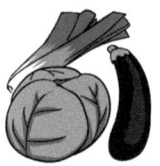

llysiau

овочі

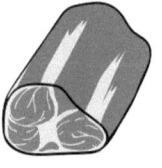

cig

м'ясо

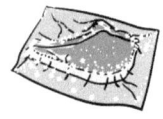

Bwyd wedi'i rewi

заморожені продукти

cig oer

ковбасна нарізка

bwyd tun

консерви

powdr golchi

пральний порошок

da-da

солодощі

cynnyrch cartref

предмети домашнього побуту

cynhyrchion glanhau

мийний засіб

gwerthwraig

продавщиця

til

каса

ariannwr

касир

rhestr siopa

список покупок

oriau agor

часи роботи

waled

гаманець

cerdyn credyd

кредитна картка

bag

сумка

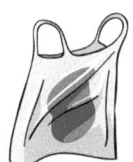

bag plastig

поліетиленовий пакет

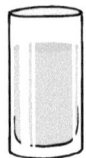

dŵr

вода

sudd

сік

llefrith

молоко

côc

кола

gwin

вино

cwrw

пиво

alcohol

алкоголь

coco

какао

te

чай

coffi

кава

espresso

еспресо

cappuccino

капучіно

ffrwchledd

банан

afal

яблуко

oren

апельсин

melon

кавун

lemwn

лимон

moronen

морква

garlleg

часник

bambŵ

бамбук

nionyn

цибуля

madarchen

гриб

cnau

горішки

nwdls

локшина

sbageti

спагеті

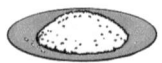

reis

рис

salad

салат

sglodion

картопля фрі

tatws wedi'u ffrïo

смажена картопля

pitsa

піца

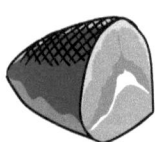

hambyrger

гамбургер

brechdan

бутерброд

cytled

шніцель

ham

шинка

salami

салямі

selsig

ковбаса

cyw iâr

курка

rhost

печеня

pysgodyn

риба

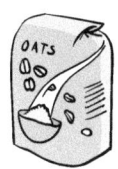

ceirch uwd

вівсяні пластівці

miwsli

мюслі

creision ŷd

кукурудзяні пластівці

blawd

борошно

croissant

круасан

bynsen

булочка

bara

хліб

tost

тостовий хліб

bisgedi

печиво

menyn

масло

ceuled

сир

teisen

пиріг

wy

яйце

wy wedi'i ffrïo

яєчня

caws

сир

hufen iâ

морозиво

siwgr

цукор

mêl

мед

jam

мармелад

siocled taenu

нуга-крем

cyri

карі

fferm

ферма

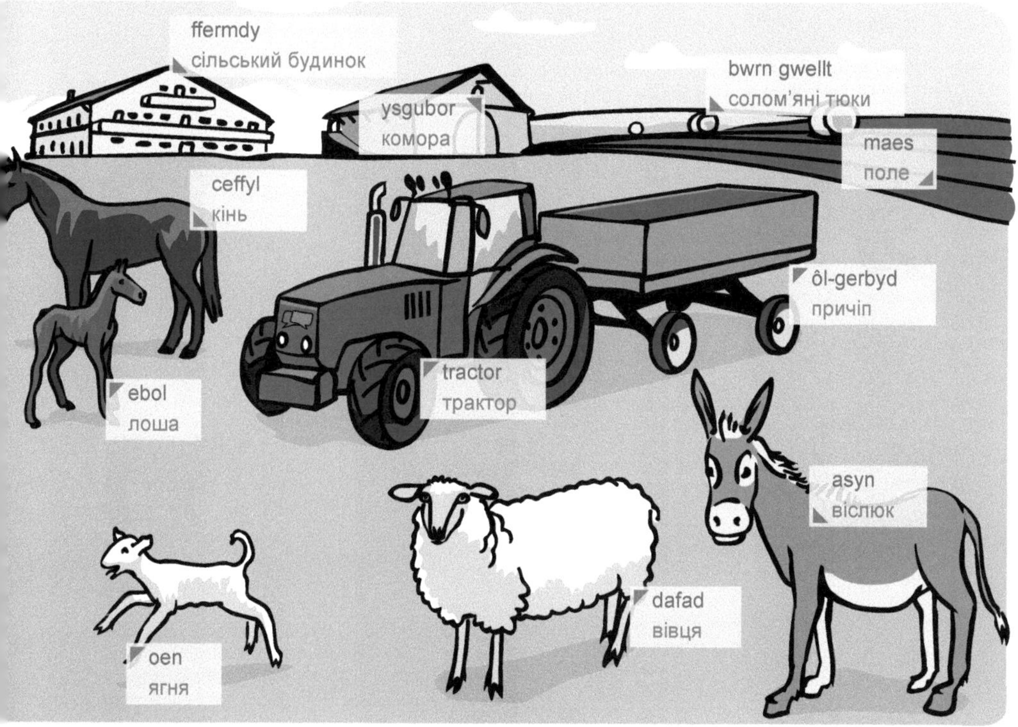
fferdy
сільський будинок
ysgubor
комора
bwrn gwellt
солом'яні тюки
maes
поле
ceffyl
кінь
ôl-gerbyd
причіп
tractor
трактор
ebol
лоша
asyn
віслюк
dafad
вівця
oen
ягня

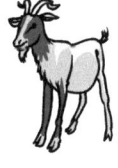

gafr
....
коза

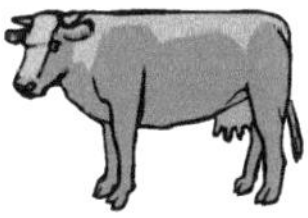

buwch
....
корова

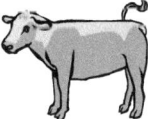

llo
....
теля

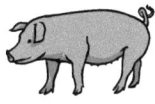

mochyn
....
свиня

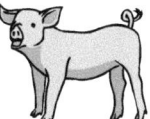

porchell
....
порося

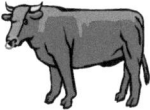

tarw
....
бик

gwydd

гусак

hwyaden

качка

cyw

курча

iâr

курка

ceiliog

півень

llygoden fawr

щур

cath

кіт

llygoden

миша

ych

віл

ci

собака

cwt ci

собача будка

pibell ddŵr

садовий шланг

can dŵr

лійка

pladur

коса

aradr

плуг

cryman

серп

fforch chwynu

мотика

picwarch

вила

bwyell

сокира

berfa

тачка

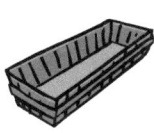

cafn

корито

tun llefrith

бідон молока

sach

мішок

ffens

паркан

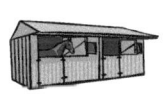

stabl

хлів

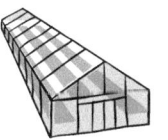

tŷ gwydr

теплиця

pridd

ґрунт

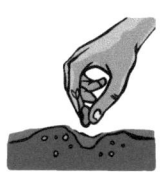

hedyn

насіння

gwrtaith

добриво

dyrnwr medi

комбайн

cynaeafu

пожинати

cynhaeaf

урожай

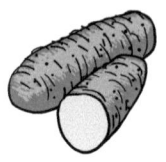

iamau

корінь ямсу

gwenith

пшениця

soi

соя

tysen

картопля

grawn

кукурудза

had rêp

ріпак

coeden ffrwythau

плодове дерево

manioc

маніок

grawnfwydydd

злаки

simnai
димохід

to
дах

peipen law
водостічний лоток

ffenestr
вікно

garej
гараж

cloch y drws
дзвінок

drws
двері

bin sbwriel
відро для сміття

blwch post
поштова скринька

gardd
сад

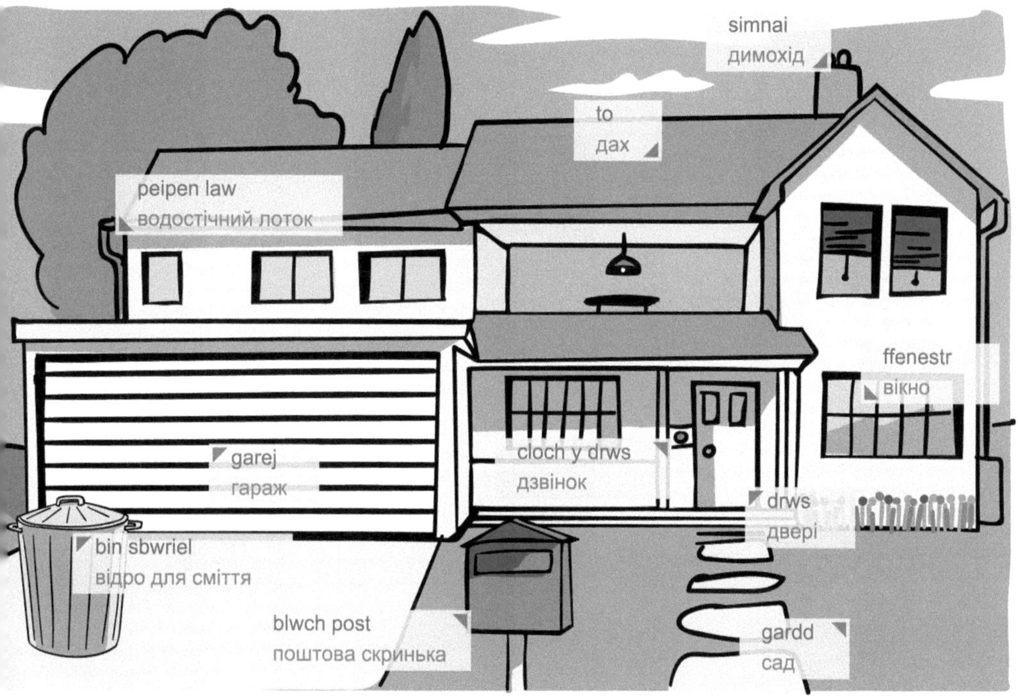

lolfa

вітальня

ystafell ymolchi

ванна кімната

cegin

кухня

ystafell wely

спальня

ystafell plentyn

дитяча кімната

ystafell fwyta

їдальня

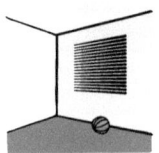

llawr

підлога

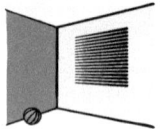

wal

стіна

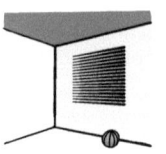

nenfwd

стеля

seler

підвал

sawna

сауна

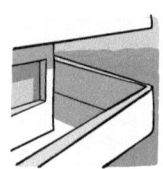

balconi

балкон

teras

тераса

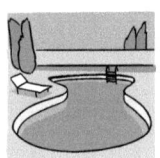

pwll

басейн

peiriant torri gwair

косарка

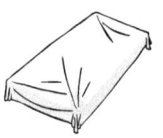

taflen

простирало

gorchudd gwely

ковдра

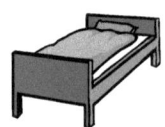

gwely

ліжко

ysgub

мітла

bwced

відро

swits

перемикач

lolfa

вітальня

papur wal
шпалери
llun
малюнок
lamp
лампа
silff
поличка
cwpwrdd
шафа
teledu
телевізор
lle tân
камін
blodyn
квітка
clustog
подушка
soffa
диван
fâs
ваза
rheolydd o bell
пульт

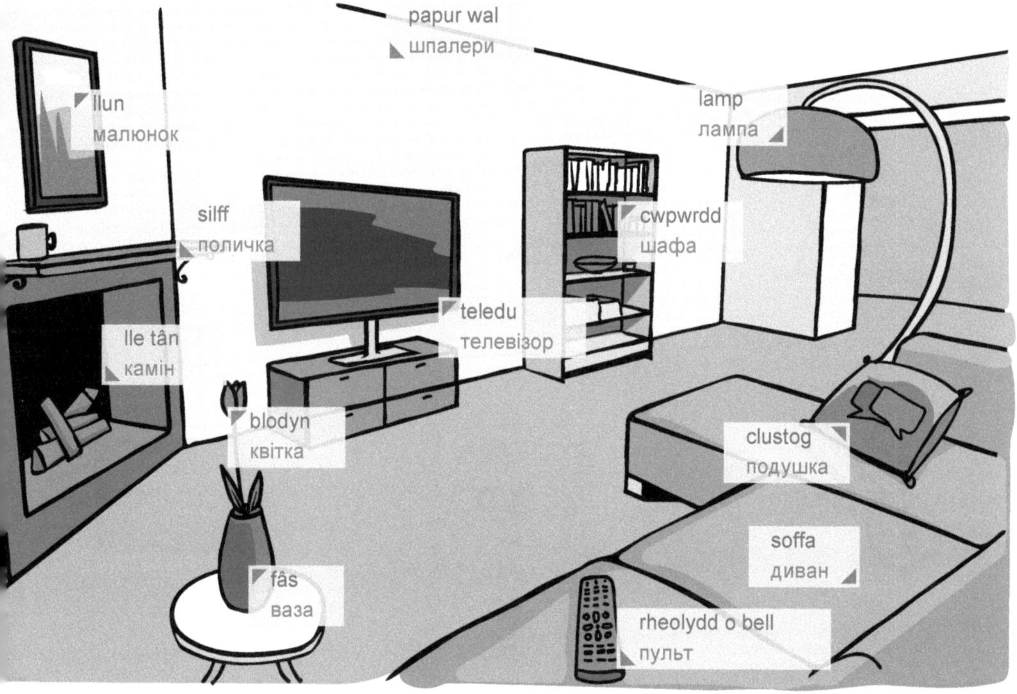

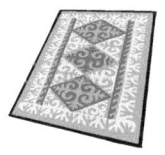

carped
килим

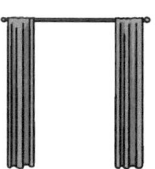

llen
завіса

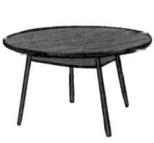

bwrdd
стіл

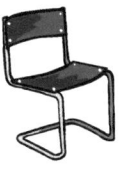

cadair
стілець

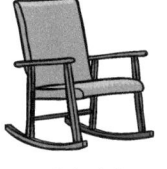

cadair siglo
крісло-гойдалка

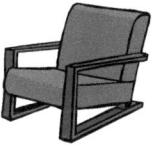

cadair freichiau
крісло

llyfr

книга

blanced

ковдра

addurn

прикраса

coed tân

дрова

ffilm

фільм

hi-fi

стереосистема

agoriad

ключ

papur newydd

газета

darlun

картина

poster

плакат

radio

радіо

llyfr nodiadau

блокнот

hwfer

пилосос

cactws

кактус

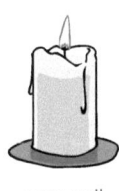

cannwyll

свічка

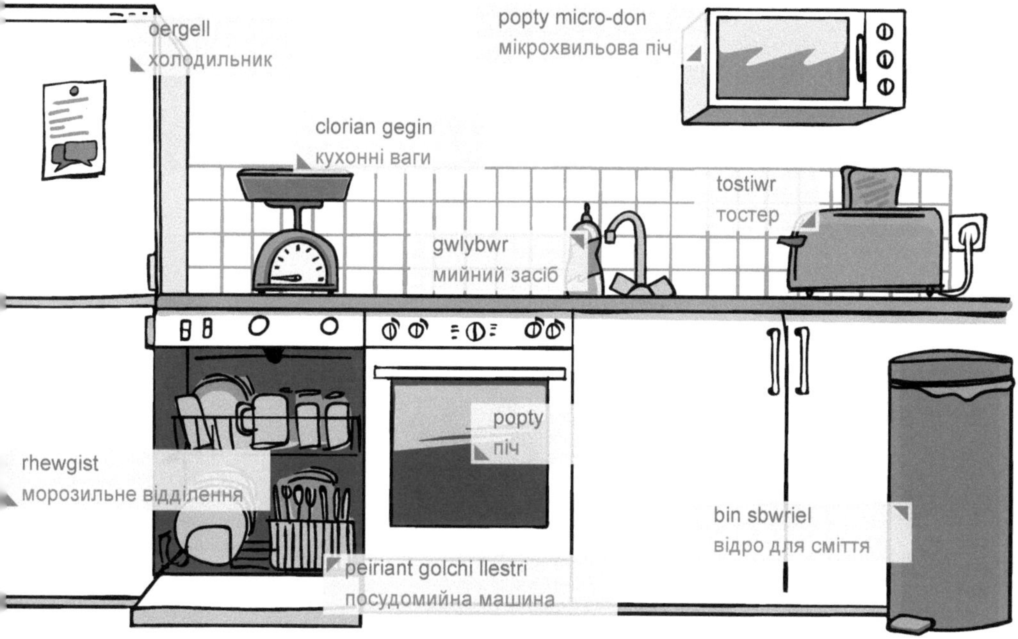

oergell
холодильник

popty micro-don
мікрохвильова піч

clorian gegin
кухонні ваги

tostiwr
тостер

gwlybwr
мийний засіб

rhewgist
морозильне відділення

popty
піч

bin sbwriel
відро для сміття

peiriant golchi llestri
посудомийна машина

popty

плита

pot

горщик

pot haearn bwrw

чавунний горщик

wok / kadai

вок / кадай

padell

сковорода

tegell

чайник

sosban stemio

пароварка

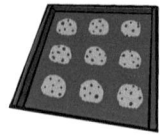

hambwrdd pobi

лист

llestri

посуд

mwg

кухоль

powlen

чаша

gweill bwyta

палички для їжі

lletwad

черпак

ysbodol

лопатка

chwisg

вінчик для збивання

hidlydd

сито

gogr

сито

gratiwr

терка

morter

ступка

barbeciw

барбекю

tân agored

багаття

bwrdd torri cig

дошка

rholbren

качалка

tynnwr corcyn

штопор

tun

конзерва

peth agor tuniau

відкривачка

clwt pot

прихватки

sinc

раковина

brws

щітка

sbwng

губка

peiriant cymysgu

міксер

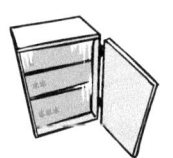

rhewgell

морозильна камера

potel babi

дитяча пляшка

tap

кран

ystafell ymolchi

ванна кімната

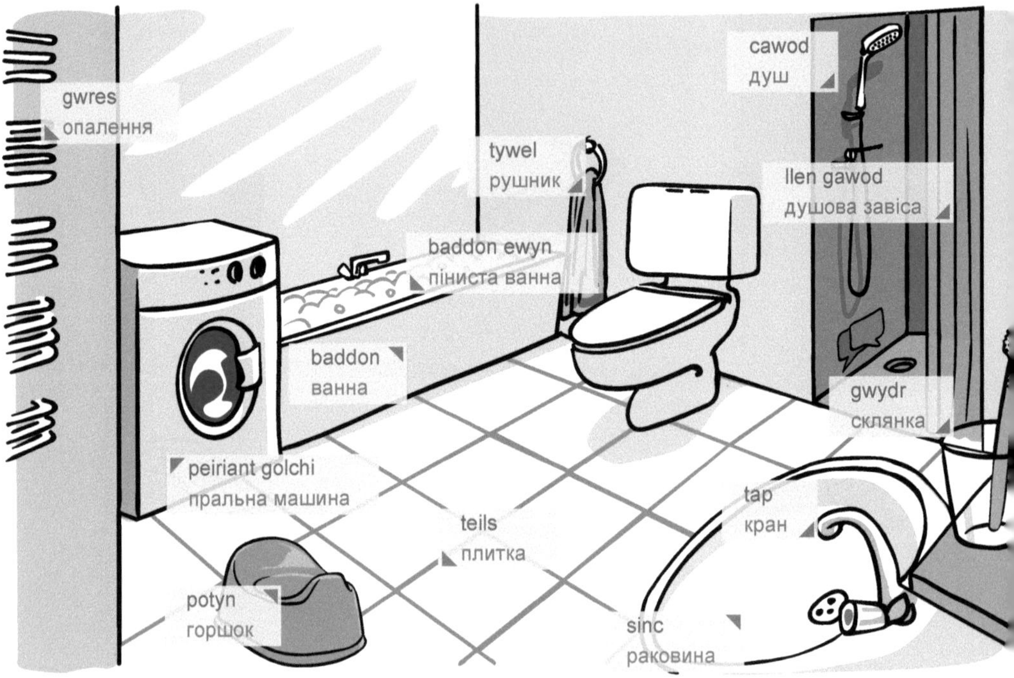
gwres
опалення
tywel
рушник
cawod
душ
llen gawod
душова завіса
baddon ewyn
плиниста ванна
baddon
ванна
gwydr
склянка
peiriant golchi
пральна машина
tap
кран
teils
плитка
potyn
горшок
sinc
раковина

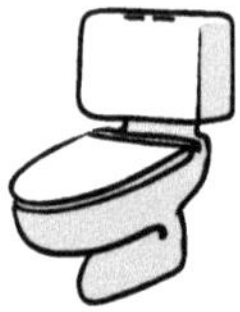

tŷ bach

туалет

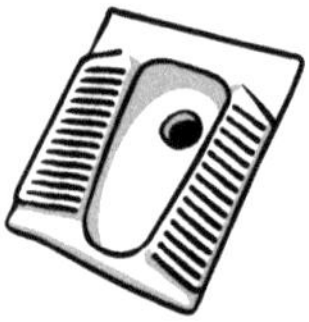

toiled cyrcydu

підлоговий туалет

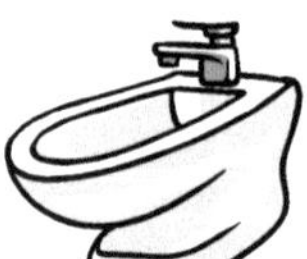

bidet

біде

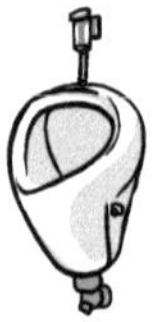

troethfa

пісуар

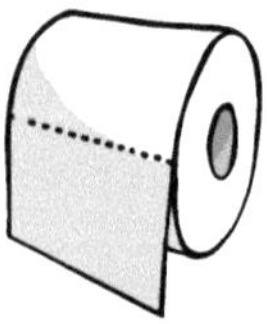

papur tŷ bach

туалетний папір

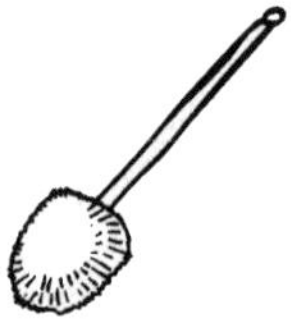

brws tŷ bach

щітка для туалету

brws dannedd

зубна щітка

past dannedd

зубна паста

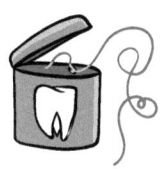

edau ddannedd

нитка для чищення зубів

golchi

мити

cawod llaw

ручний душ

golchfa

інтимний душ

basn

таз

brws-ôl

щітка для спини

sebon

мило

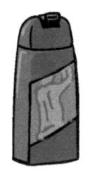

gel cawod

гель для душу

siampŵ

шампунь

gwlanen

мочалка

ffos

водостік

hufen

крем

diaroglydd

дезодорант

drych

дзеркало

drych llaw

косметичне дзеркало

rasel

бритва

ewyn eillio

піна для гоління

sent eillio

лосьйон після гоління

crib

гребінь

brws

щітка

sychwr gwallt

фен

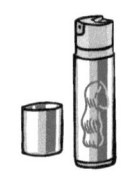

chwistrell gwallt

лак для волосся

colur

косметика

minlliw

губна помада

farnais ewinedd

лак для нігтів

gwlân cotwm

вата

siswrn ewinedd

ножиці для нігтів

persawr

парфум

bag ymolchi

косметичка

stôl

табурет

clorian

ваги

gŵn baddon

халат

menig rwber

гумові рукавички

tampon

тампон

tywel misglwyf

гігієнічні прокладки

toiled cemegol

біотуалет

ystafell plentyn
дитяча кімната

cloc larwm
будильник
tegan anwes
м'яка іграшка
car tegan
іграшковий автомобіль
cleciwr
брязкальце
tŷ dol
ляльковий будиночок
anrheg
подарунок

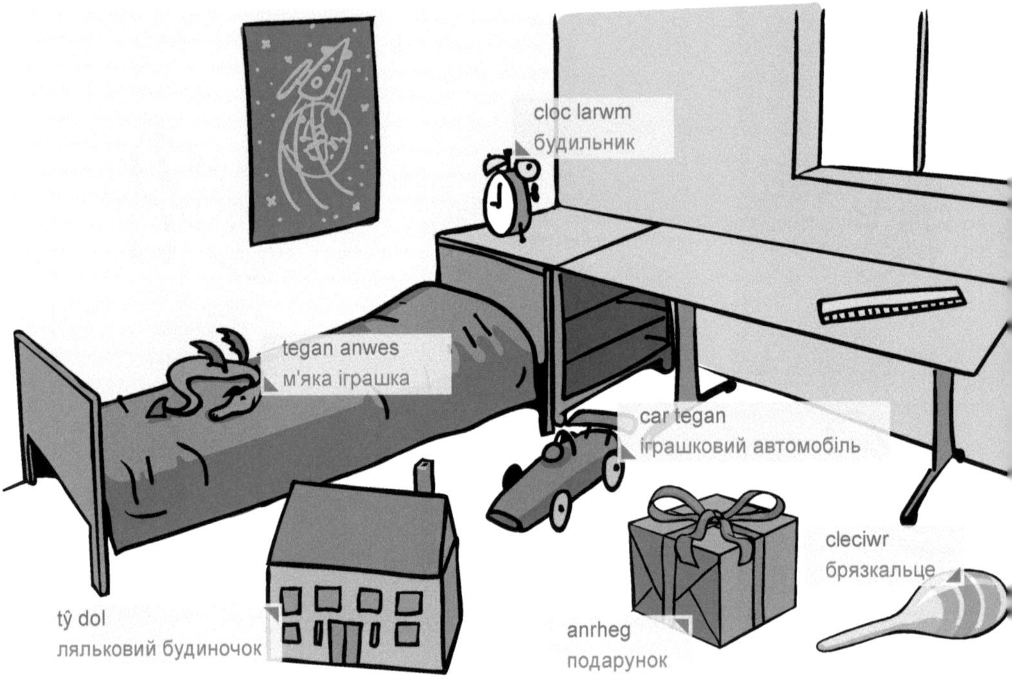

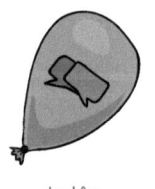

balŵn

повітряна кулька

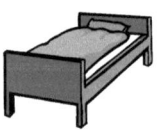

gwely

ліжко

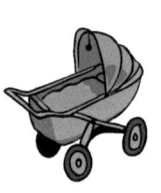

pram

дитячий візок

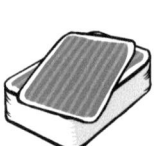

pecyn o gardiau

картярська гра

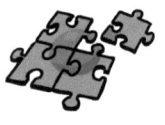

jig-so

пазл

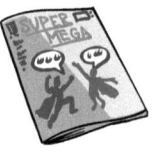

comic

комікс

brics Lego

лего цеглинки

blociau adeiladu

блоки

ffigur gweithredu

іграшкова фігурка

babygro

повзунки

ffrisbi

фризбі

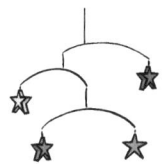

ffôn symudol

мобіле

gêm fwrdd

настільна гра

deis

кубик

set model trên

модель залізнична станція

teth lwgu

соска

parti

вечірка

llyfr lluniau

книжка з картинками

pêl

м'яч

dol

лялька

chwarae

грати

pwll tywod

пісочниця

swing

гойдалка

teganau

іграшка

consol gemau fideo

гральна консоль

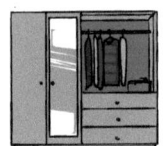

beic tair olwyn

триколісний велосипед

tedi

плюшевий мішка

cwpwrdd dillad

шафа

dillad

одяг

hosanau

шкарпетки

hosanau

панчохи

teits

колготки

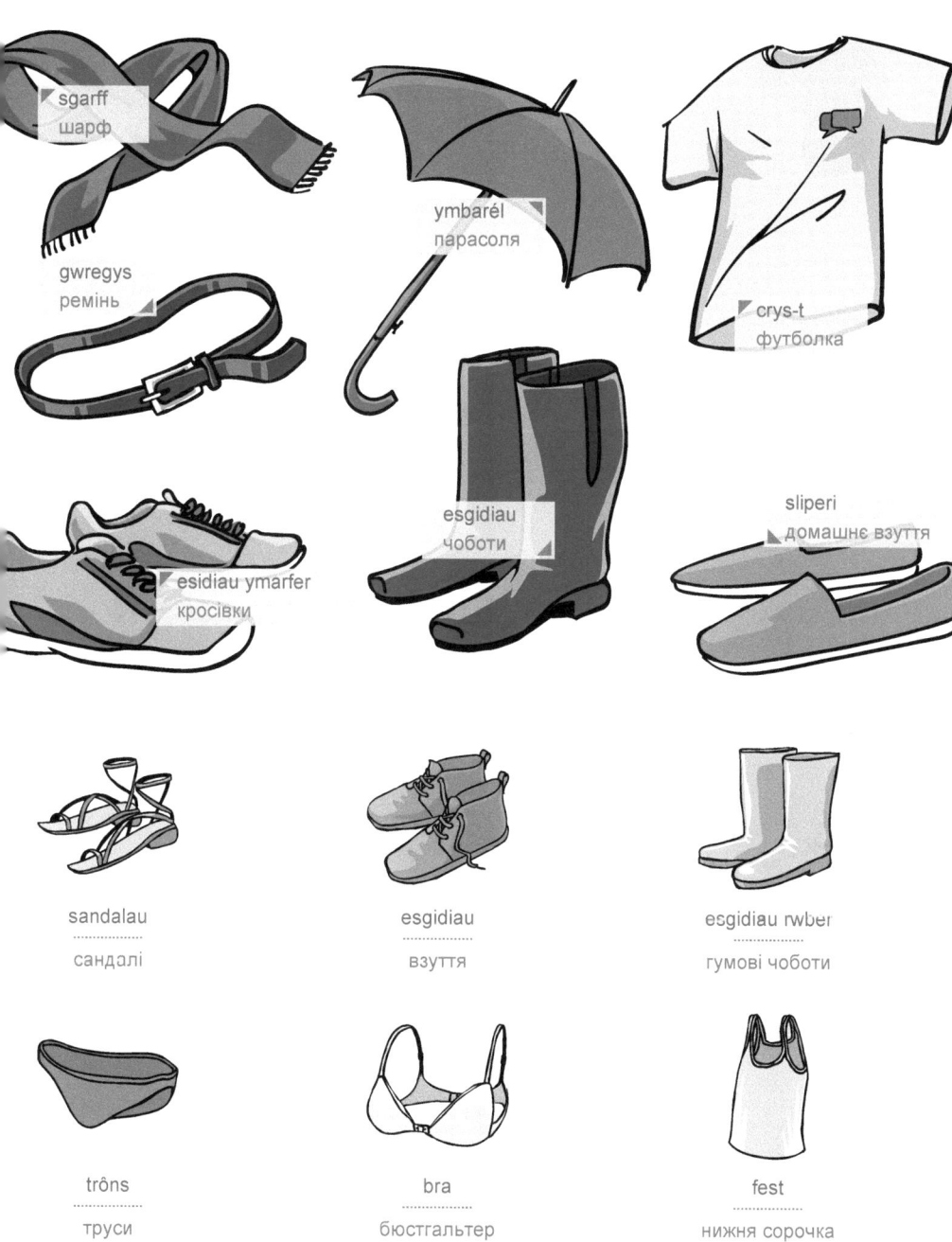

sgarff
шарф

gwregys
ремінь

ymbarél
парасоля

crys-t
футболка

esidiau ymarfer
кросівки

esgidiau
чоботи

sliperi
домашнє взуття

sandalau
....
сандалі

esgidiau
....
взуття

esgidiau rwber
....
гумові чоботи

trôns
....
труси

bra
....
бюстгальтер

fest
....
нижня сорочка

corff

боді

trowsus

штани

jîns

джинси

sgert

спідниця

blows

блузка

crys

сорочка

pwlofer

пуловер

hwdi

светр

blaser

піджак

siaced

куртка

côt

пальто

côt law

дощовик

gwisg

костюм

gŵn

сукня

gwisg briodas

весільна сукня

siwt

костюм

gŵn nos

нічна сорочка

pyjamas

піжама

sari

сарі

sgarff pen

головна хустка

tyrban

чалма

bwrca

бурка

cafftan

кафтан

abaya

абая

gwisg nofio

купальник

trowsus nofio

плавки

siorts

шорти

tracwisg

тренувальний костюм

ffedog

фартух

menig

рукавички

botwm

гудзик

sbectol

окуляри

breichled

браслет

cadwyn

ланцюг

modrwy

кільце

clustdlws

сережка

cap

шапка

cambren

плічка

het

капелюх

tei

краватка

sip

застібка-блискавка

helmed

шолом

fframiau danedd

підтяжки

gwisg ysgol

шкільна форма

gwisg

уніформа

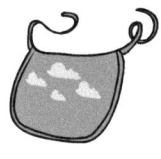

bib

нагрудник

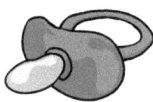

teth lwgu

соска

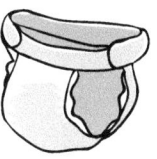

cewyn

підгузок

swyddfa

офіс

gweinydd
сервер
cwrpwrdd ffeilio
шаф для документів
argraffydd
принтер
papur
папір
monitor
монітор
desg
письмовий стіл
llygoden
миша
ffolder
папка
bysellfwrdd
синтезатор
basged papur gwastraff
кошик для паперу
cyfrifiadur
комп'ютер
cadair
стілець

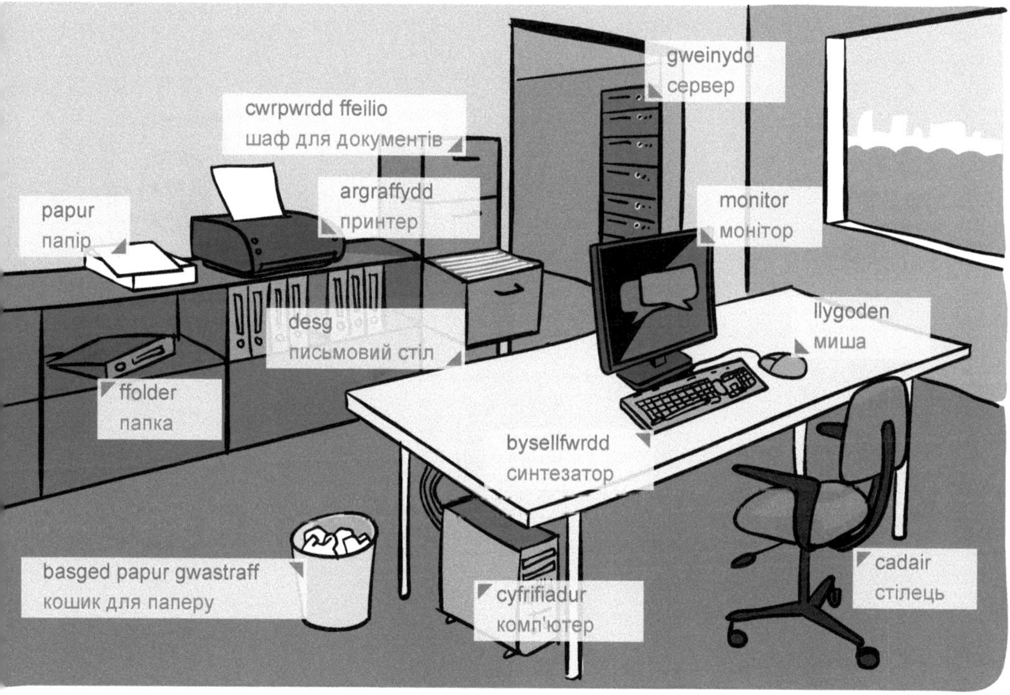

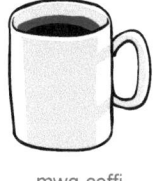

mwg coffi

кавовий кухоль

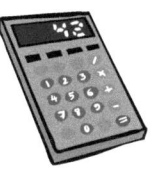

cyfrifiannell

калькулятор

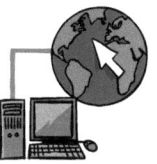

rhyngrwyd

інтернет

gliniadur

ноутбук

llythyr

лист

neges

повідомлення

ffôn symudol

мобільний телефон

rhwydwaith

мережа

llungopïwr

копіювальний пристрій

meddalwedd

програмне забезпечення

teleffon

телефон

soced plwg

розетка

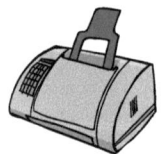

peiriant ffacs

факс

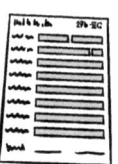

ffurflen

бланк

dogfen

документ

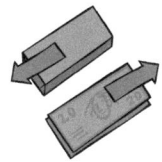

prynu

купувати

talu

платити

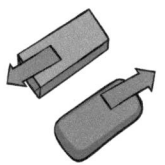

masnachu

торгувати

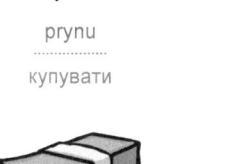

arian

гроші

doler

долар

ewro

євро

yen

ієна

rwbl

рубль

ffranc y Swistir

франк

yuan renminbi

юанів женьміньбі

rwpi

рупія

peiriant arian

банкомат

swyddfa gyfnewid

обмінний пункт

aur

золото

arian

срібло

olew

нафта

ynni

енергія

pris

ціна

contract

контракт

treth

податок

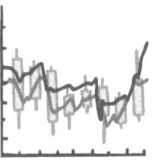

stoc

акція

gweithio

працювати

cyflogai

працівник

cyflogwr

роботодавець

ffatri

фабрика

siop

магазин

economi - економіка

swyddi
професії

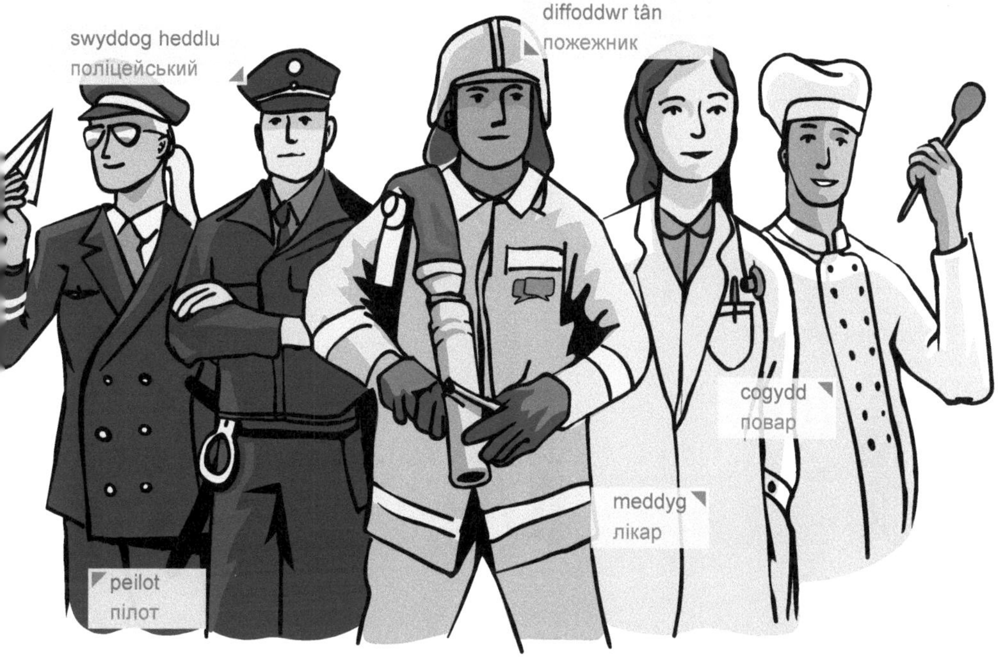

swyddog heddlu
поліцейський
diffoddwr tân
пожежник
cogydd
повар
meddyg
лікар
peilot
пілот

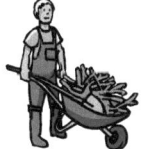

garddwr
садівник

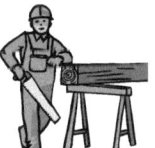

saer
столяр

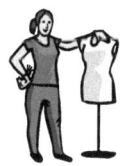

gwniadwraig
швачка

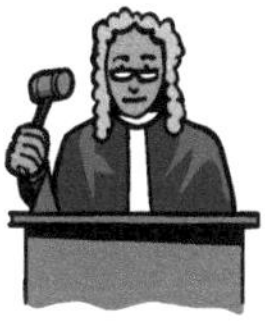

barnwr
суддя

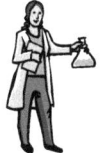

fferyllydd
хімік

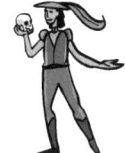

actor
актор

gyrrwr bws

водій автобуса

gyrrwr tacsi

таксист

pysgotwr

рибалка

glanhawraig

прибиральниця

töwr

покрівельник

gweinydd

офіціант

heliwr

мисливець

paentiwr

художник

pobydd

пекар

trydanwr

електрик

adeiladwr

будівельник

peiriannydd

інженер

cigydd

забійник

plymiwr

бляхар

dyn y post

листоноша

milwr

солдат

pensaer

архітектор

ariannwr

касир

gwerthwr blodau

флорист

triniwr gwallt

перукар

archwiliwr tocynnau rheilffordd

кондуктор

mecanydd

механік

capten

капітан

deintydd

дантист

gwyddonydd

вчений

rabi

рабин

imam

імам

mynach

монах

clerigwr

пастор

offer
інструменти

gefail
щипці
morthwyl
молоток
tyrnsgriw
викрутка
fflashlamp
кишеньковий
sbaner
гайковий ключ

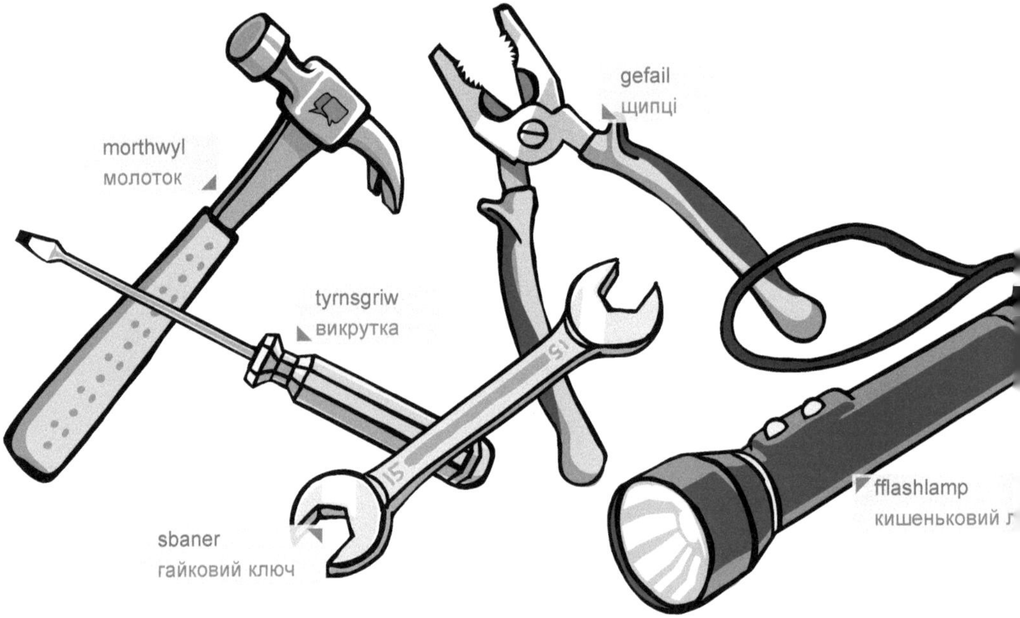

turiwr

екскаватор

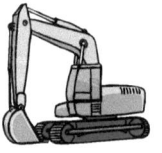

blwch offer

ящик для інструментів

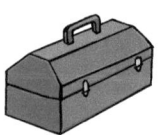

ysgol

драбина

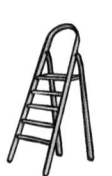

llif

пилка

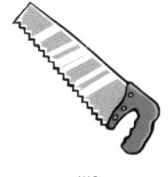

hoelion

цвяхи

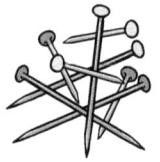

dril

свердло

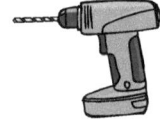

trwsio

ремонтувати

rhaw

лопата

Daria!

лайно!

rhaw lwch

совок

pot paent

відро з фарбою

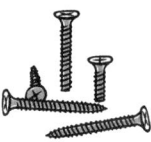

sgriwiau

гвинти

offerynnau cerdd
музичні інструменти

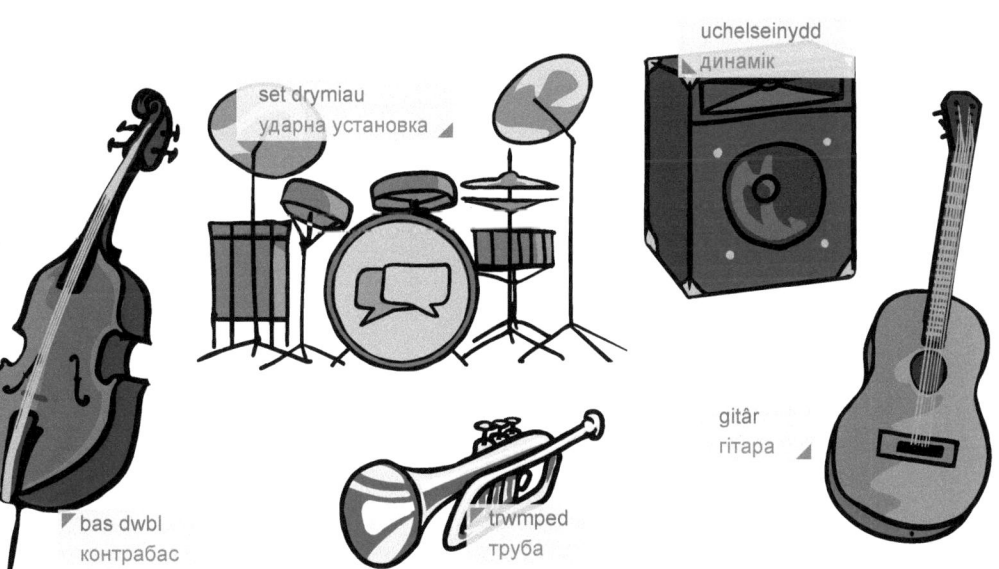

uchelseinydd
динамік

set drymiau
ударна установка

bas dwbl
контрабас

trwmped
труба

gitâr
гітара

piano

фортепіано

ffidil

скрипка

bas

бас

timpani

литаври

drymiau

барабан

cyweirfwrdd

клавіатура

sacsoffon

саксофон

ffliwt

флейта

meicroffon

мікрофон

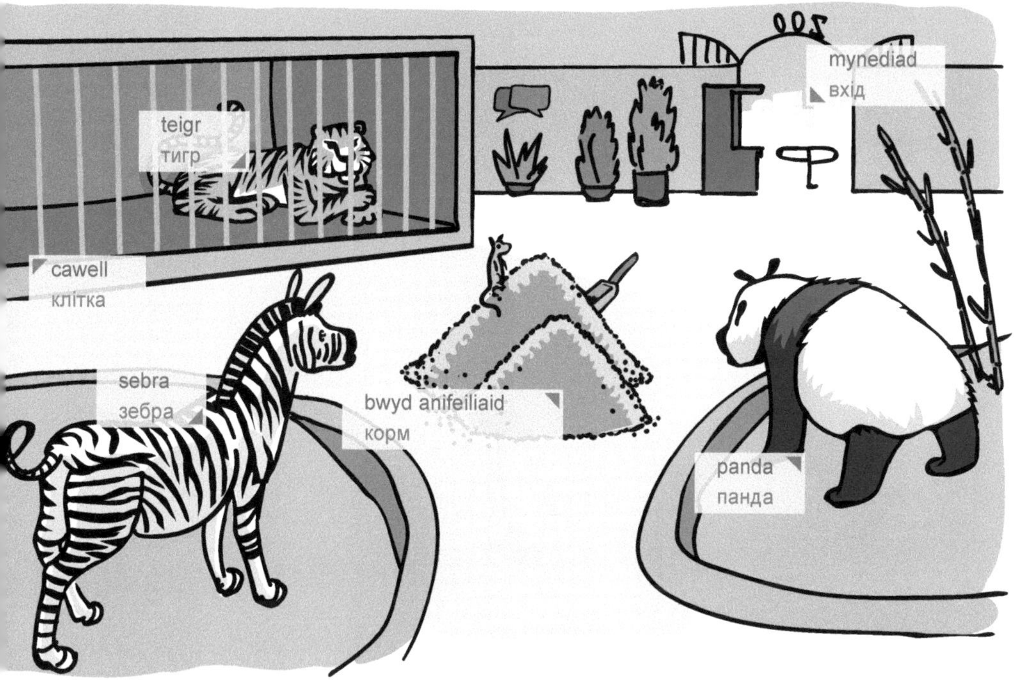

mynediad
вхід

teigr
тигр

cawell
клітка

sebra
зебра

bwyd anifeiliaid
корм

panda
панда

anifeiliaid

тварини

eliffant

слон

cangarŵ

кенгуру

rhinoseros

носоріг

gorila

горила

arth

ведмідь

camel

верблюд

estrys

страус

llew

лев

mwnci

мавпа

fflamingo

фламінго

parot

папуга

arth wen

білий ведмідь

pengwin

пінгвін

siarc

акула

paun

павич

neidr

змія

crocodeil

крокодил

gofalwr sŵ

працівник зоопарку

morlo

тюлень

jagwar

ягуар

merlyn

поні

llewpard

леопард

hipo

гіпопотам

jiráff

жираф

eryr

орел

baedd

кабан

pysgodyn

риба

crwban

черепаха

walrws

морж

llwynog

лисиця

gafrewig

газель

pêl-droed America
американський футбол

beicio
їзда на велосипеді

tennis
теніс

pêl-fasged
баскетбол

nofio
плавання

bocsio
бокс

hoci iâ
хокей

pêl-droed

футбол

badminton

бадмінтон

athletau

легка атлетика

pêl-law

гандбол

sgïo

лижні перегони

polo

поло

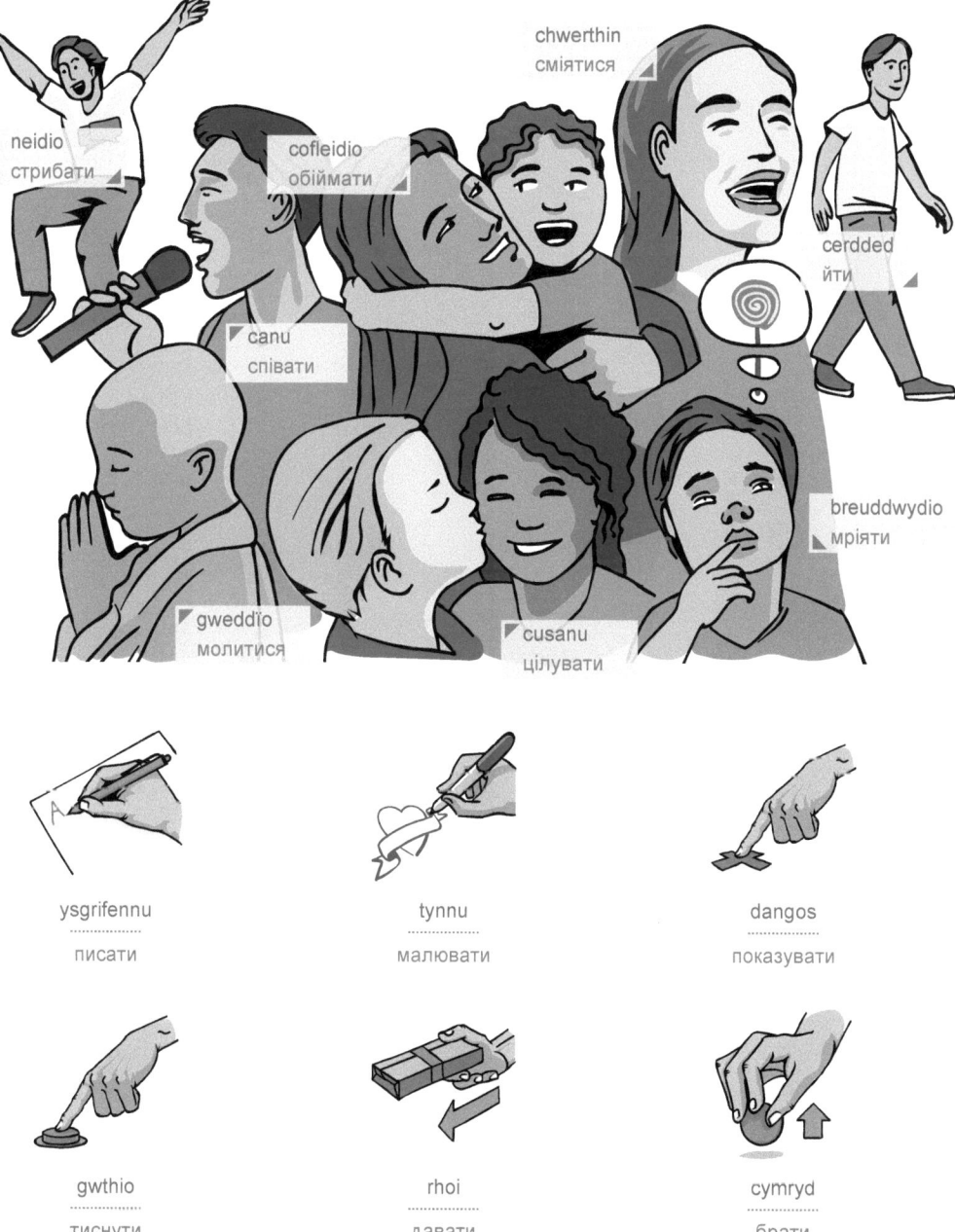

neidio
стрибати

cofleidio
обіймати

chwerthin
сміятися

cerdded
йти

canu
співати

breuddwydio
мріяти

gweddïo
молитися

cusanu
цілувати

ysgrifennu

писати

tynnu

малювати

dangos

показувати

gwthio

тиснути

rhoi

давати

cymryd

брати

bod gan

мати

gwneud

робити

bod

бути

sefyll

стояти

rhedeg

бігати

tynnu

тягнути

taflu

кидати

disgyn

падати

gorwedd

лежати

aros

очікувати

cario

носити

eistedd

сидіти

gwisgo amdanoch

одягати

cysgu

спати

deffro

просипатися

edrych ar

дивитися

crïo

плакати

anwesu

гладити

cribo

розчісувати

siarad

розмовляти

deall

розуміти

gofyn

питати

gwrando

слухати

yfed

пити

bwyta

їсти

tacluso

прибирати

caru

любити

coginio

варити

gyrru

їхати

hedfan

літати

hwylio

йти під вітрилом

cyfrifo

рахувати

darllen

читати

dysgu

вчитися

gweithio

працювати

priodi

одружуватися

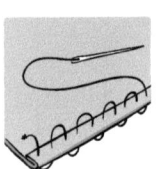

gwnïo

шити

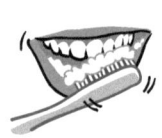

brwsio dannedd

чистити зуби

lladd

убивати

ysmygu

курити

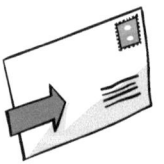

anfon

посилати

nain
бабуся

taid
дідуся

tad
батько

mam
мати

baban
немовля

merch
донька

mab
син

gwestai

гість

modryb

тітка

ewythr

дядько

brawd

брат

chwaer

сестра

corff

тіло

talcen
чоло
llygad
око
ysgwydd
плече
bys
палець
wyneb
обличчя
gên
підборіддя
llaw
кисть
coes
нога
bron
груди
braich
рука

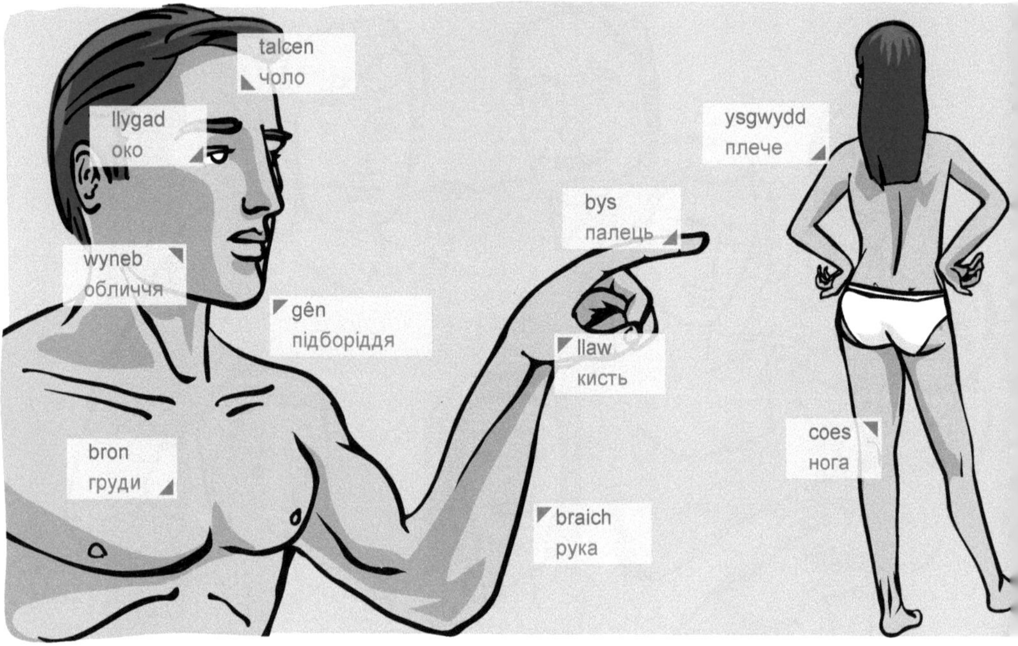

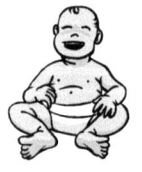

baban
немовля

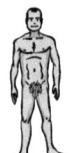

dyn
чоловік

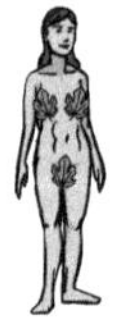

gwraig
жінка

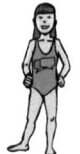

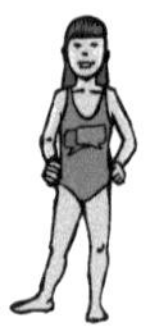

geneth
дівчина

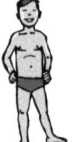

bachgen
хлопчик

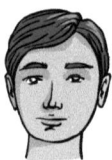

pen
голова

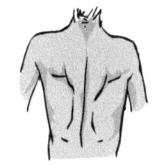

cefn

спина

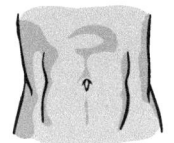

bel

живіт

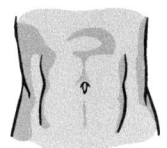

bogail

пуп

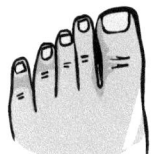

bys troed

палець ноги

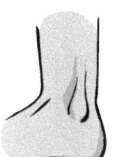

sawdl

п'ята

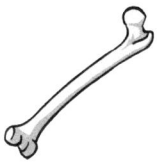

asgwrn

кістка

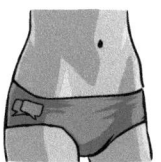

clun

стегно

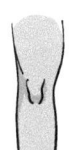

pen-glin

коліно

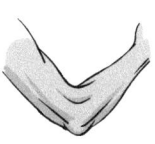

penelin

лікоть

trwyn

ніс

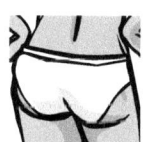

pen ôl

сідниці

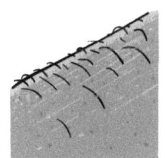

croen

шкіра

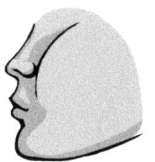

boch

щока

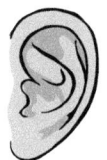

clust

вухо

gwefus

губа

ceg

рот

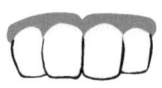

dant

зуб

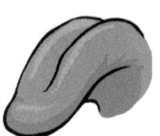

tafod

язик

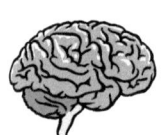

ymennydd

мозок

calon

серце

cyhyr

м'яз

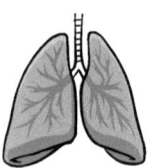

ysgyfaint

легені

iau

печінка

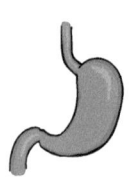

stumog

шлунок

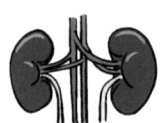

arennau

нирки

rhyw

статевий акт

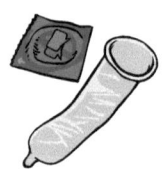

condom

презерватив

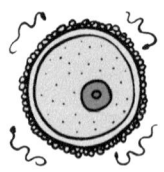

ofwm

яйцеклітина

semen

сперма

beichiogrwydd

вагітність

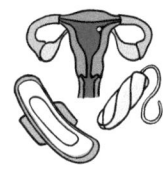

mislif
менструація

fagina
вагіна

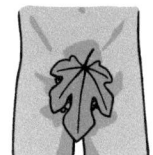

pidyn
пеніс

ael
брова

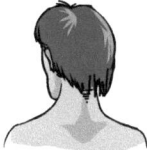

gwallt
волосся

gwddf
шия

ysbyty
лікарня

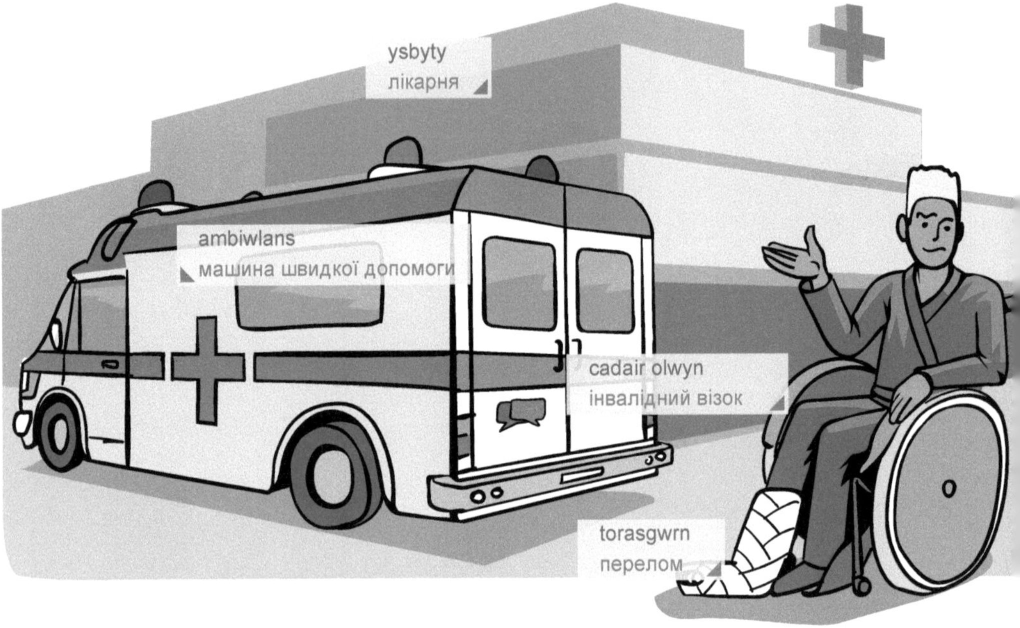

ysbyty
лікарня
ambiwlans
машина швидкої допомоги
cadair olwyn
інвалідний візок
torasgwrn
перелом

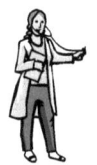

meddyg

лікар

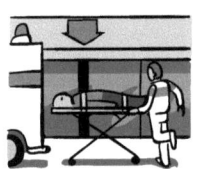

ystafell argyfwng

відділення швидкої медичної допомоги

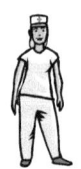

nyrs

медсестра

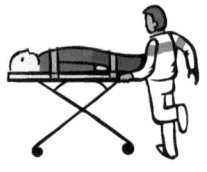

argyfwng

аварійний випадок

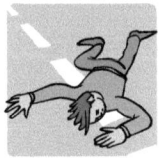

anymwybodol

непритомний

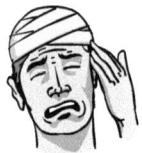

poen

біль

anaf

травма

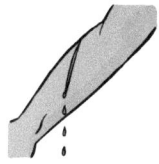

gwaedu

кровотеча

trawiad ar y galon

інфаркт

strôc

інсульт

alergedd

алергія

peswch

кашель

twymyn

лихоманка

ffliw

грип

dolur rhydd

пронос

cur pen

головна біль

canser

рак

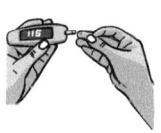

diabetes

діабет

llawfeddyg

хірург

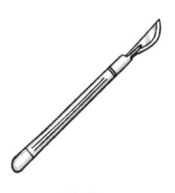

fflaim

скальпель

gweithrediad

операція

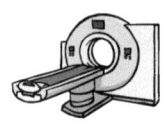

CT

КТ

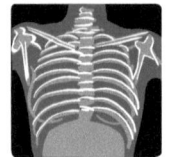

pelydr-x

рентген

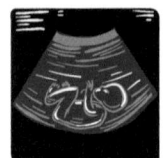

uwchsain

ультразвук

mwgwd wyneb

маска

clefyd

хвороба

ystafell aros

зал очікування

bagl

милиця

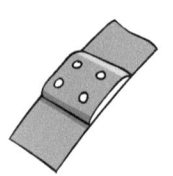

plastr

пластир

rhwymyn

пов'язка

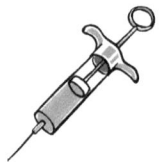

pigiad

ін'єкція

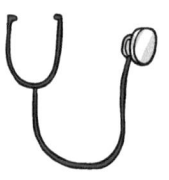

stethosgop

стетоскоп

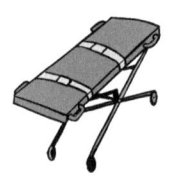

elorwely

ноші

thermomedr clinigol

термометр

genedigaeth

народження

dros bwysau

надмірна вага

cymorth clyw

слуховий апарат

diheintydd

дезінфікуючий засіб

haint

інфекція

firws

вірус

HIV / AIDS

ВІЛ / СНІД

meddygaeth

медицина

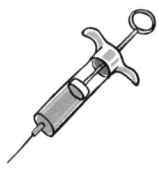

brechiad

вакцинація

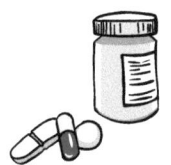

tabledi

таблетки

y bilsen

протизаплідна пігулка

galwad frys

екстрений виклик

monitor pwysau gwaed

тонометр

yn sâl / yn iach

хворий / здоровий

Help!

Допоможіть!

larwm

сигнал тривоги

ymosodiad

напад

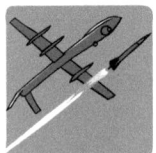

ymosodiad

атака

perygl

небезпека

allanfa argyfwng

аварійний вихід

Tân!

Вогонь!

diffoddwr tân

вогнегасник

damwain

аварія

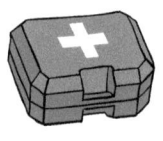

pecyn cymorth cyntaf

аптечка

SOS

СОС

heddlu

поліція

Ewrop

Європа

Gogledd America

Північна Америка

De America

Південна Америка

Affrica

Африка

Asia

Азія

Awstralia

Австралія

Iwerydd

Атлантика

y Môr Tawel

Тихий океан

Cefnfor yr India

Індійський океан

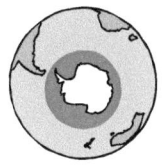

Cefnfor yr Antarctig

Антарктичний океан

Cefnfor yr Arctig

Північний Льодовитий океан

Pegwn y Gogledd

Північний полюс

Pegwn y De

Південний полюс

Antarctica

Антарктика

y Ddaear

Земля

tir

суша

môr

море

ynys

острів

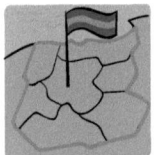

cenedl

нація

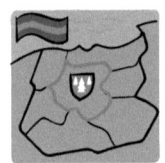

gwladwriaeth

держава

wyneb cloc

циферблат

bys awr

годинникова стрілка

bys munud

хвилинна стрілка

bys eiliad

секундна стрілка

Faint o'r gloch yw hi?

Котра година?

dydd

день

amser

час

yn awr

зараз

cloc digidol

цифровий годинник

munud

хвилина

awr

година

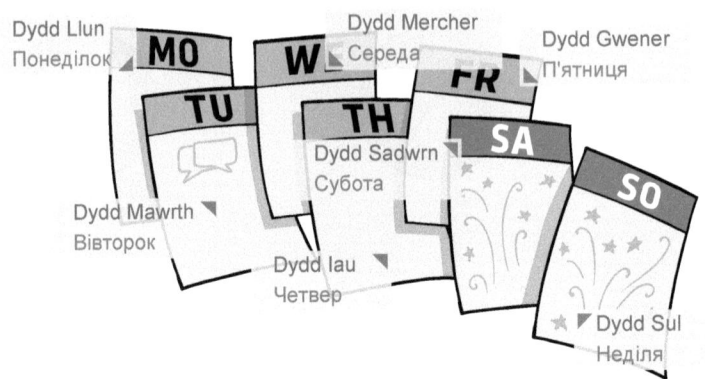

Dydd Llun — Понеділок
Dydd Mercher — Середа
Dydd Gwener — П'ятниця
Dydd Mawrth — Вівторок
Dydd Sadwrn — Субота
Dydd Iau — Четвер
Dydd Sul — Неділя

ddoe

вчора

heddiw

сьогодні

yfory

завтра

bore

ранок

canol dydd

опівдні

noswaith

вечір

MO	TU	WE	TH	FR	SA	SU
1	2	3	4	5	6	7
8	9	10	11	12	13	14
15	16	17	18	19	20	21
22	23	24	25	26	27	28
29	30	31	1	2	3	4

diwrnodiau busnes

робочі дні

MO	TU	WE	TH	FR	SA	SU
1	2	3	4	5	6	7
8	9	10	11	12	13	14
15	16	17	18	19	20	21
22	23	24	25	26	27	28
29	30	31	1	2	3	4

penwythnos

кінець робочого тижня

blwyddyn
рік

glaw
дощ
enfys
веселка
gwynt
вітер
eira
сніг
gwanwyn
весна
haf
літо
hydref
осінь
gaeaf
зима

4.APRIL 11°
5.APRIL 4°
6.APRIL 13°
7.APRIL 8°
8.APRIL 10°

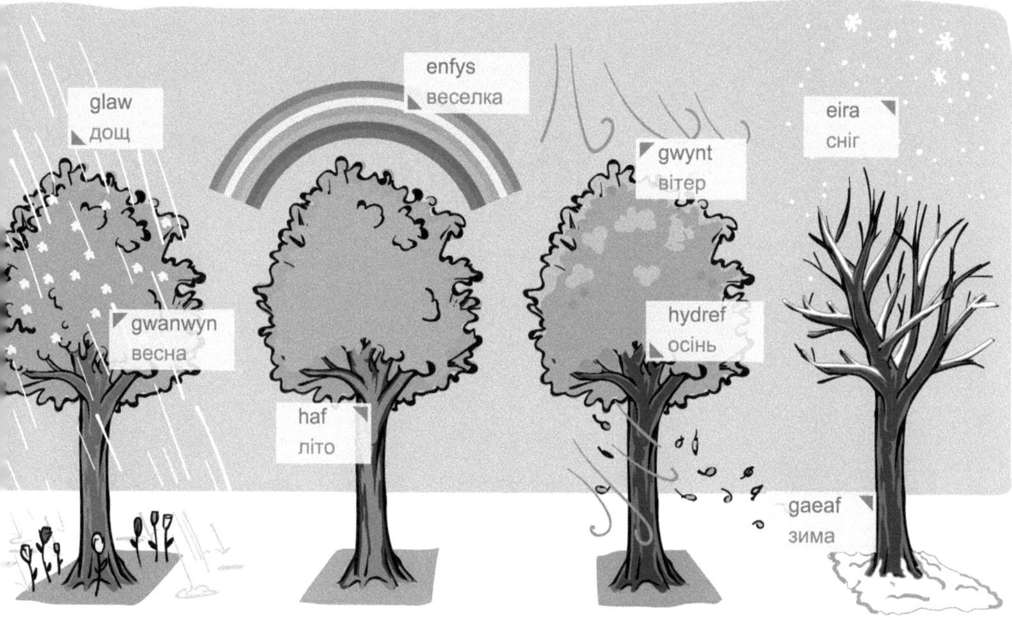

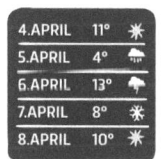

rhagolygon y tywydd

прогноз погоди

F
C
120
90
60
30
0
-30
40
30
20
10
0
-10
-20

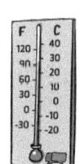

thermomedr

термометр

heulwen

сонячне світло

cwmwl

хмара

niwl tew

туман

llcithder

вологість повітря

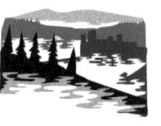

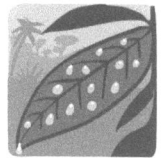

mellt

блискавка

taranau

грім

storm

шторм

cenllysg

град

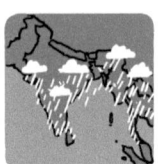

monsŵn

мусон

llif

повінь

iâ

лід

Ionawr

Січень

Chwefror

Лютий

Mawrth

Березень

Ebrill

Квітень

Mai

Травень

Mehefin

Червень

Gorffennaf

Липень

Awst

Серпень

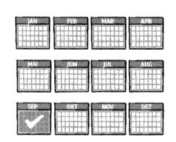

Medi
....
Вересень

Hydref
....
Жовтень

Tachwedd
....
Листопад

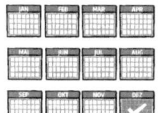

Rhagfyr
....
Грудень

siapiau
форми

cylch
....
круг

sgwâr
....
квадрат

petryal
....
прямокутник

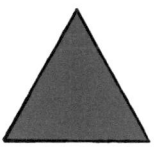

triongl
....
трикутник

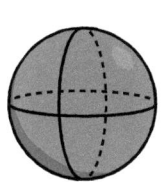

sffêr
....
куля

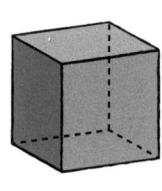

ciwb
....
куб

gwyn

білий

melyn

жовтий

oren

помаранчевий

pinc

рожевий

coch

червоний

porffor

фіолетовий

glas

синій

gwyrdd

зелений

brown

коричневий

llwyd

сірий

du

чорний

llawer / ychydig

багато / мало

dig / tawel

лютий / мирний

hardd / hyll

гарний / бридкий

dechrau / diwedd

початок / кінець

mawr / bach

великий / малий

llachar / tywyll

світлий / темний

brawd / chwaer

брат / сестра

glân / budr

чистий / брудний

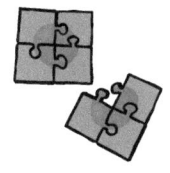

gyflawn / anghyflawn

завершений /
незавершений

dydd / nos

день / ніч

farw / yn fyw

мертвий / живий

eang / cul

широкий / вузький

bwytadwy / anfwytadwy
....
їстівний / неїстівний

drwg / caredig
....
злий / дружній

llawn cyffro / diflasu
....
збуджений / нудьгуючий

tew / tenau
....
товстий / тонкий

cyntaf / olaf
....
спочатку / востаннє

cyfaill / gelyn
....
друг / ворог

llawn / gwag
....
повний / порожній

caled / meddal
....
жорсткий / м'який

trwm / ysgafn
....
важкий / легкий

wedi newynnu / yn sychedig
....
голод / спрага

yn sâl / yn iach
....
хворий / здоровий

anghyfreithlon / cyfreithiol
....
незаконний / законний

deallus / twp
....
розумний / дурний

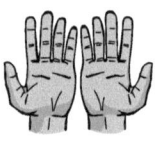

chwith / dde
....
вліво / вправо

agos / pell
....
поруч / далеко

ewydd / wedi'i ddefnyddio

новий / використаний

dim / rhywbeth

нічого / щось

hen / ifanc

старий / молодий

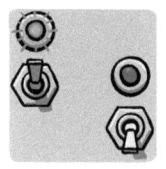

ymlaen / i ffwrdd

вкл / викл

ar agor / ar gau

відкрито / закрито

tawel / uchel

тихо / гучно

cyfoethog / tlawd

багатий / бідний

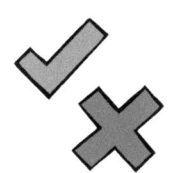

cywir / anghywir

правильно / неправильно

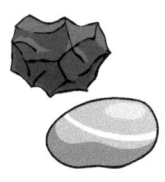

garw / llyfn

шорсткий / гладкий

trist / hapus

сумний / щасливий

byr / hir

короткий / довгий

araf / cyflym

повільно / швидко

gwlyb / sych

вологий / сухий

cynnes / claear

гарячий / холодний

rhyfel / heddwch

війна / мир

0

sero

нуль

1

un

один

2

dau

два

3

tri

три

4

pedwar

чотири

5

pump

п'ять

6

chwech

шість

7

saith

сім

8

wyth

вісім

9

naw

дев'ять

10

deg

десять

11

un deg un

одинадцять

12

un deg dau

дванадцять

13

un deg tri

тринадцять

14

un deg pedwar

чотирнадцять

15

un deg pump

п'ятнадцять

16

un deg chwech

шістнадцять

17

un deg saith

сімнадцять

18

un deg wyth

вісімнадцять

19

un deg naw

дев'ятнадцять

20

dau ddeg

двадцять

100

cant

сто

1.000

mil

тисяча

1.000.000

miliwn

мільйон

rhifau - числа

Saesneg

англійська

Saesneg America

американська англійська

Tsieinëeg Mandarin

китайська
високочиновницька

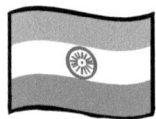

Hindi

хінді

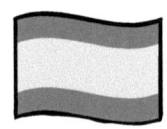

Sbaeneg

іспанська

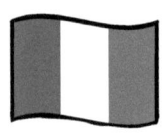

Ffrangeg

французька

Arabeg

арабська

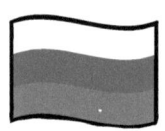

Rwseg

російська

Portiwgaleg

португальська

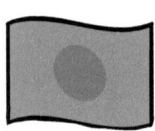

Bengali

бенгальська

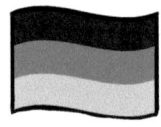

Almaeneg

німецька

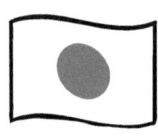

Siapanaeg

японська

fi

я

ti

ти

ef / hi

він / вона / воно

ni

ми

chi

ви

nhw

вони

pwy?

хто?

beth?

що?

sut?

як?

ble?

де?

pryd?

коли?

enw

ім'я

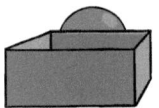

y tu ôl i

ззаду

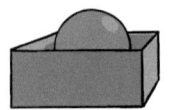

yn / yng / ym / mewn

в

o flaen

перед

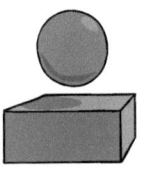

dros

над

ar

на

dan

під

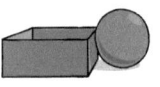

wrth ochr

біля

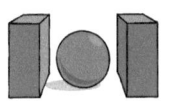

rhwng

між

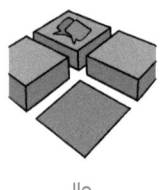

lle

місце